# LES JOURNÉES DES 11 ET 12 BRUMAIRE AN IV

A SALERS ET A SAINT-BONNET

## DU MÊME AUTEUR

**Les anciennes Corporations des médecins, chirurgiens et apothicaires de Murat** (d'après des documents authentiques). Paris, CHAMPION, 1896, in-8°, papier vergé, blason, fac-similé . . . . . . . . . . . . . . . . . . 5 fr.

**Histoire de la Corporation des apothicaires de Bordeaux, de l'enseignement et de l'exercice de la pharmacie dans cette ville (1355-1802).** Paris, PICARD, 1897, in-8°, blason et planches . . . . . . . . . . . . . . . 7 fr. 50

DOCUMENTS POUR SERVIR A L'HISTOIRE DE LA RÉVOLUTION
DANS LE CANTAL

# LA
# RÉACTION RELIGIEUSE
## DANS LE CANTAL
## APRÈS THERMIDOR

### LES JOURNÉES DES 11 ET 12 BRUMAIRE AN IV
A SALERS ET A SAINT-BONNET

PAR

## EM. CHEYLUD

PHARMACIEN DE 1re CLASSE
CORRESPONDANT DE LA SOCIÉTÉ NATIONALE DES ANTIQUAIRES DE FRANCE

PARIS
ALPHONSE PICARD ET FILS, ÉDITEURS
Libraires des Archives Nationales et de la Société de l'Ecole des Chartes
82, RUE BONAPARTE, 82
1901

Tiré a 100 Exemplaires numérotés

DOCUMENTS POUR SERVIR À L'HISTOIRE DE LA RÉVOLUTION
DANS LE CANTAL

# LA RÉACTION RELIGIEUSE
## DANS LE CANTAL
## APRÈS THERMIDOR

### LES JOURNÉES DES 11 ET 12 BRUMAIRE AN IV
#### A SALERS ET A SAINT-BONNET

## AVANT-PROPOS

Les quelques notes et documents qui suivent ne sont ni l'apologie ni la critique de l'un des nombreux épisodes de la Révolution. Le titre général sous lequel nous les publions l'indique suffisamment. Nous n'avons d'autre but que la publication de documents pouvant servir à l'histoire de la Révolution dans le Cantal, et l'article que nous donnons aujourd'hui à la *Revue de la Haute-Auvergne* est le premier d'une série que nous nous proposons de poursuivre.

Nous souhaitons vivement que les chercheurs de notre Société qui s'intéressent à cette époque veuillent bien nous aider dans cette entreprise, en publiant, sous la même rubrique, les textes dont ils sont possesseurs ou qu'ils auront découverts.

Notre cadre est donc très vaste, puisqu'il s'agit de réunir tout ce qui intéresse la période révolutionnaire ; il est, d'autre part, très restreint, non seulement parce qu'il n'embrasse que le département du Cantal, mais parce qu'il laisse à chaque travailleur la facilité de ne publier que quelques pages et qu'il ne demande, sans toutefois l'imposer, que la communication des textes sans commentaire, sans critique.

Nous n'ignorons point que beaucoup de chercheurs ne

croiraient pas faire œuvre utile en publiant sèchement un texte intéressant; d'autres n'osent pas livrer un document isolé et attendent la découverte de ce qui précède ou de ce qui suit pour écrire une histoire complète qui reste toujours à l'état de projet.

Scrupules et erreur que tout cela! Si modeste que soit le rôle des éditeurs, il a son importance; en publiant soigneusement des textes ils auront facilité la besogne des grands historiens, qui pourront sans crainte utiliser leurs travaux.

Dans le cas qui nous occupe, ils auront contribué à l'édification d'un monument qui s'imposera un jour ou l'autre : *L'histoire de la Révolution dans le Cantal.* Pour l'élever, les Archives nationales, départementales et communales nous fourniront bien une ample moisson, mais il existe aussi des collections particulières, très importantes pour cette période, qu'il serait utile de connaître et de consulter.

Que chaque ouvrier fasse donc un effort et, suivant ses loisirs, sa force et son talent, apporte une petite ou une grosse pierre, une pierre brute ou une pierre taillée et même sculptée. Le monument sera d'autant plus solide et plus beau que chaque collaborateur se sera mieux pénétré des principes suivants établis par notre maître et ami M. Jullian, d'après nos meilleurs historiens du XIXe siècle :

« Le premier devoir de l'historien est de se mettre au travail sans préjugé, sans colère, sans idée ni passion préconçues. Il s'abstraira de tous les sentiments de l'époque présente; il étudiera la Révolution française avec le même désintéressement que s'il s'agissait des révolutions de Florence. Le meilleur historien sera celui qui aura fait le plus abstraction de soi-même. Le pire sera celui qui aura cherché dans l'histoire des arguments pour sa doctrine et des armes pour sa cause. Nous voudrions voir planer l'histoire dans cette région sereine où il n'y a ni passions, ni rancunes, ni désirs de vengeance. Nous lui demandons ce charme d'impartialité parfaite qui est la chasteté de l'histoire »[1].

E. C.

La Roche-Chalais, le 30 juin 1901.

---

1. C. JULLIAN, *Notes sur l'Histoire en France au XIXe siècle*. Paris, Hachette 1897, petit in-8º, p. CXXVI.

I

## LA RÉACTION RELIGIEUSE DANS LE CANTAL APRÈS THERMIDOR

Le 14 Brumaire an IV, Pierre Ganilh, procureur général syndic du département du Cantal, écrivait en ces termes à la commission des administrations civiles, police et tribunaux :

« .... Le peuple à qui l'on avait accordé la faculté de choisir ses ministres du culte, pourvu qu'ils eussent faits la soumission aux lois de la République, a été grandement étonné de voir que peu de temps après on les lui ait enlevés ; il considère cette variation comme un piège dans lequel on a voulu faire tomber tous les ministres, pour lesquels il n'avait jamais eu une vénération plus profonde et plus grande ; il les regarde comme des martyrs de la foi et les sauveurs de la religion ; il est impossible de prévoir les excès horribles auxquels il peut se livrer pour les conserver ou les lui faire rendre. Il s'est entièrement passionné pour eux et le temps pendant lequel les ministres ont joui de la liberté a été employé à lui faire aspirer le poison du fanatisme ; telles sont aujourd'hui les circonstances dans lesquelles se trouvent les corps administratifs, qu'ils ne peuvent pas garantir ni promettre le succès des mesures rigoureuses que le Salut Public a pu commander.... »[1].

Les termes du Procureur général ne laissent aucun doute sur l'esprit religieux des habitants de nos montagnes ; ils dénoncent clairement combien avait été vive la réaction religieuse pendant la période thermidorienne.

Il est vrai que cette réaction n'était que la résultante de la détente politique, et, si les populations rurales ne s'intéressaient que médiocrement à la politique, les villes en suivaient attentivement le courant, en observaient les fluctuations. A Aurillac, une *Société d'amis* venait de fonder un journal gouvernemental, ce que l'on appellerait de nos jours une feuille opportuniste : ni terroriste ou radicale, ni contre-révolution-

---

1. Archives nationales, F. XIX. 1006.

naire ou réactionnaire[1]. Le programme du « *Décadaire du Cantal* » est d'ailleurs nettement exposé dans son premier numéro :

« Tandis que la Convention nationale s'occupe avec la plus grande sollicitude à cicatriser les plaies faites à la morale publique par les tyrans et les vandales ; au moment où la justice et la liberté ne sont plus couvertes d'un crêpe funèbre, où tous les Français s'empressent de concourir à l'affermissement du bonheur commun, et de faire succéder les vertus sociales à la terreur ; où enfin d'un bout de la République à l'autre, l'exécration et l'opprobre marquent d'un sceau indélébile tous les ennemis de l'humanité, ces monstres dont la rage surnageait encore dans les flots de sang, il est du devoir des amis du peuple de seconder l'énergie de ses représentants dont l'attitude imposante et les sages principes forcent l'admiration de l'Europe étonnée.

. . . . . . . . . . . . . . . . . . . . . .

« Chaque département a eu ses grands coupables : le Cantal méritait-il d'en trouver dans son sein ?..... Le Cantal !..... dont les habitants sont connus depuis tant de siècles par leur franchise, leur amour du travail, la simplicité et la pureté de leurs mœurs !.... Le Cantal ! qui a constamment chéri, exécuté les saintes lois de la patrie ; mais les crimes qui l'ont souillé n'appartiennent qu'à un petit nombre d'individus qui tremblent maintenant devant la justice.

« C'est pour prémunir nos concitoyens contre ces hommes affreux, qui feront tous leurs efforts pour échapper à travers le désordre, au châtiment qui les poursuit ; c'est pour déjouer les manœuvres de la malveillance et de l'intrigue, c'est pour propager les principes de justice et les préserver de l'atteinte de l'aristocratie et des cannibales aux doigts crochus, qu'une société nombreuse de vrais amis de la révolution entreprend ce journal.

« La Révolution du 9 Thermidor sera leur point de départ, les principes de la Convention leur boussole ; leur objet est

---

1. *Le Décadaire du Cantal, Journal rédigé par une Société d'amis.* Aurillac, Viallanes père et fils. 1er décade, Ventose an III — 2e décade, Vendémiaire an IV. 23 Nos in-4o de 4 à 6 pages. Il existe également une réimpression moderne de ce journal, sans nom d'imprimeur, à laquelle il manque les Nos 3 et 4 et le supplément du No 19. Le format est le même.

d'arriver au port en évitant tous les écueils, et de jouir en paix de la constitution démocratique.

« Haine aux scélérats, principes éternels de la morale et de la justice, humanité, philanthropie, liberté, égalité, république une et indivisible, voilà le cadre dans lequel ils écriront.

« La république est la patrie que la providence destina pour la vertu : la vertu guidera leur plume.

« Les poignards de la satyre et les poisons de la calomnie seront aussi éloignés de ce journal qu'ils le sont de leurs cœurs. »[1]

Ce journal était-il très répandu dans les campagnes ? Y était-il lu ? Nous ne le croyons pas ; les exemplaires en sont si rares de nos jours qu'il est permis de supposer que son tirage était très réduit.

Et qu'importe ! Le clergé et ses partisans se renseignaient à un baromètre beaucoup plus précis : aux actes mêmes de la Convention nationale. Or, cette assemblée en était arrivée, après le 9 Thermidor, à être par instants très tolérante vis-à-vis des prêtres.

Le représentant du peuple envoyé par la Convention dans le département du Cantal, Musset, qui s'était autrefois distingué par son terrorisme, était devenu plus modéré, plus craintif, diraient certains ; il n'en fut pas moins remplacé dans notre département par Chazal, qui arrivait avec un casier judiciaire où l'on pouvait lire : A voté le sursis à l'exécution de Louis XVI, a voté l'accusation contre Marat.

Dans ces conditions, les prêtres se sentaient plus à l'aise, ayant pour les soutenir la grande majorité de la population des campagnes, qui, toujours très fidèle à sa religion, la désirait d'autant plus qu'elle en avait été sevrée un certain temps. Et nous verrons que les femmes évidemment plus sensibles et plus pieuses étaient aussi les plus excitées.

Certes, nos paysans ne désiraient pas le retour de l'ancien régime, et s'ils avaient regretté la mort de Louis XVI, ils avaient facilement fait le sacrifice *du roi ;* mais ils voulaient leur curé, ils voulaient leur église et les cérémonies religieuses, avec tout leur apparat, tout leur éclat. Ces désirs se manifestaient à tout instant.

---

1. *Décadaire du Cantal*, N° 1, 1re décade, Ventôse an III.

« Dans quelques communes de ce district, dit *Le Décadaire*, il y a eu des rassemblements de femmes pour demander l'ouverture des églises et la restitution de la part des municipalités des objets qui servaient à l'exercice du culte. Sans doute, il y a des gens de bonne foi, des gens animés d'un vérible sentiment de religion parmi ceux qui demandent à jouir de la liberté de leurs opinions ; sans doute, l'homme de bien, que la tyrannie de Robespierre avait voulu atteindre jusques dans sa conscience, peut, aux jours du règne de la justice et de la liberté, professer hautement une religion dans le sein de laquelle il a trouvé, pendant ses persécutions, des consolations et des adoucissements et que le malheur lui a rendue d'autant plus chère, que c'est dans ces maximes qu'il a puisé les moyens de le supporter ; mais qui nous répondra de la sincérité des vœux de tous ceux qui paraissent aujourd'hui animés d'un zèle aussi ardent ? Ces mesures violentes, ces moyens que proscrivent également la religion et les lois, ne sont-ils pas, pour quiconque se dépouille de tout esprit de parti et de tout sentiment personnel, la preuve convaincante du peu de confiance que nous devons avoir en ces démonstrations affectées, qui sont presque toujours, non l'effet d'un zèle pur et vrai, mais d'une hypocrisie qui calcule sur la faiblesse et l'imbécillité de l'esprit humain. Pourquoi, lorsque la loi est si claire et si précise, chercher à fomenter des troubles et des divisions ?

. . . . . . . . . . . .

« Mais autant nous serons sévères à l'égard de celui qui cherche de nouveaux aliments à son ambition ou à sa méchanceté, autant nous serons justes à l'égard de l'homme de bien qui, observateur sincère de ses devoirs religieux et politiques, ne cherche dans leur accomplissement que de nouveaux motifs d'aimer ses semblables, de servir sa patrie, de jouir en paix du bonheur d'une conscience pure et des bienfaits d'un gouvernement sage et équitable »[1].

Et, escomptant une Constitution qui mettrait ordre à tout, les rédacteurs du *Décadaire* ajoutaient :

« ... Nous nous complaisons dans la douce idée de voir bientôt la fin de nos maux ; oui, la Convention nationale, toujours forte de la volonté d'un grand peuple, toujours ani-

---

1. *Décadaire du Cantal,* N° 14, 2° décade, Messidor an III.

mée de cet esprit de justice qui lui assure l'attachement de tous les hommes de bien, fera triompher la vertu, ramènera la concorde et nous donnera enfin une Constitution fondée sur les bases immuables de la sagesse et de la raison » [1].

Cette Constitution ne devait pas se faire attendre ; le 5 Fructidor an III (22 août 1795), la Convention avait élaboré cette œuvre, et le 20 la soumettait à l'approbation du peuple, ainsi que les décrets des 5 et 13 du même mois.

Le Cantal approuva bien la Constitution, mais, comme dans beaucoup de départements [2], le nombre des votants fut bien petit par rapport au nombre des inscrits (15,074 sur 55,294); de nombreuses sections se désintéressèrent du vote surtout au sujet des décrets [3] et même certaines sections mirent des conditions [4].

« Nous apprenons que quelques communes n'ont pas encore émis leur vœu sur la Constitution ; que d'autres ont ajourné leur acceptation ; qu'il en est qui y ont mis des conditions, comm. de ne pas exiger de soumission de la part des prêtres aux lois de la République etc., etc. [5]

« Ne serait-ce pas là le résultat des sourdes menées de quelques hypocrites incorrigibles aussi indignes de vivre sous les lois protectrices d'un gouvernement, que de professer une religion qui commande l'obéissance aux puissances, le pardon des injures, la pratique des vertus sociales, l'union, la charité et la paix parmi les hommes ? [6] »

Lorsque le résultat de la Consultation du 20 Fructidor fut connu, *Le Décadaire* fit un généreux appel à la conciliation, à la concorde :

« Enfin, le vœu du peuple français est prononcé. UNE CONSTITUTION méditée et réfléchie par le patriotisme, la

---

1. *Ibidem*.
2. Cf. Taine, *Les origines de la France contemporaine. La Révolution*. Tome III. Paris, Hachette, 1892 in-8º, p. 559 et suivantes.
3. Pour le canton de Salers, une section a approuvé la Constitution par 61 voix (la ville), une 2º, par 117 (St-Bonnet y est compris); une 3º, par 75 voix. Cette dernière seule accepta aussi les décrets.
4. Cf. Arch. nat., B. II, 30, et Arch. départ., L. 138.
5. Les citoyens du canton de Riom-ès-Montagnes au nombre de 526 demandèrent que « les ministres du culte catholique aient pleine liberté » etc. (Arch. nat., B. II, 30.)
6. *Décadaire du Cantal*, nº 21, 3ᵐᵉ décade, Fructidor an III.

sagesse et la bonne foi, va donc mettre un terme à nos souffrances, devenir le pacte social qui doit lier tous les vrais Français au sort de leur patrie, et ramener dans son sein les mœurs, les vertus et la félicité, après laquelle nous soupirons depuis longtemps, mais que nous ne goûterons jamais si nous ne savons être que les esclaves de nos passions ; il faut enfin que le règne des lois commence, il faut que la République ne soit plus un vain mot, il faut que les amis de la patrie se rallient contre ses enfants dénaturés qui la déchirent ; il faut que la raison, la sagesse, les mœurs et les vertus succèdent au trop long règne de l'anarchie sanguinaire qui a couvert la France de sang, de larmes, et de ruines ; il faut que la justice atteigne celui qui fut le bourreau de ses concitoyens ; il faut qu'elle frappe le crime, mais que l'erreur trouve partout des cœurs sans haine et sans vengeance ; Français ! il est temps de redevenir frères !

« Malheur à l'homme dont l'âme atroce n'a jamais connu la piété, ni ces sentiments de bienveillance et de générosité qu'inspirent les larmes sincères du repentir !....

« Réunissons-nous donc, ô mes concitoyens ; membres d'une même famille, destinés à vivre sous les mêmes lois, ne soyons animés que d'un même esprit, celui de vivre en paix le peu d'instants que le ciel nous a marqués, à l'abri d'une Constitution sage et de préparer nos enfants à jouir pleinement d'un bonheur dont nous aurons à peine entrevu l'aurore [1]. »

Ce fut le testament de ce journal ; issu du 9 Thermidor, il s'éteignait avec le 13 Vendémiaire. Peut-être crut-il le calme rétabli et sa mission terminée ?

Cependant les prêtres et leurs partisans poursuivaient avec acharnement l'idée d'une renaissance religieuse, tantôt triomphants, tantôt déçus, suivant la législation variable et incertaine de la Convention pendant ces derniers mois.

Et si la loi du 20 Fructidor put provoquer des récriminations, si elle trouva de nombreux obstacles dans son application, le représentant Chazal sut encore être tolérant en en suspendant l'exécution jusqu'au 20 Vendémiaire [2]. D'ailleurs,

---

1. *Décadaire du Cantal*, n° 23, 2ᵐᵉ décade, Vendémiaire an IV.
2. Arrêté du représentant du peuple Chazal du 4 complémentaire de l'an III. Publié dans le N° 23 du *Décadaire du Cantal*.

la Convention se déjugea vite et, par la loi du 7 Vendémiaire, décréta pour ainsi dire la liberté des cultes, puisqu'elle n'exigea plus des prêtres qu'un simple serment de soumission en leur interdisant naturellement toute entreprise contre la sûreté de l'Etat et contre l'ordre public.

Telle était la situation religieuse du Cantal lorsque les électeurs nommés par les Assemblées primaires eurent à se réunir en Assemblée électorale pour nommer leurs nouveaux représentants au Conseil des Anciens et au Conseil des Cinq Cents.

La Convention avait décrété que l'Assemblée électorale du Cantal se tiendrait à Murat. Ce choix, qui s'explique par le désir d'éviter les désordres, les manifestations qui auraient pu se produire à Aurillac, provoqua des récriminations, excita la jalousie des villes plus importantes :

« D'après le décret de la Convention nationale, l'Assemblée électorale du Cantal doit se tenir à Murat. Nous ne chercherons point ici à pénétrer les raisons qui ont pu motiver cette décision ; nous nous bornerons à inviter les électeurs à se dépouiller de cet esprit d'intérêt et de localité qui n'est propre qu'à enfanter ou à perpétuer les haines et les divisions si funestes au bien de tous. Nous n'avons pas besoin de leur recommander de bons choix, les circonstances où se trouve la République et l'expérience du passé doivent être une leçon plus éloquente que tout ce que notre zèle et notre amour pour le bien public pourraient nous suggérer à cet égard »[1].

L'Assemblée électorale se tint du 20 au 27 Vendémiaire, et elle fit imprimer à 500 exemplaires le compte-rendu de ses séances[2], qui devait être adressé à chaque électeur et à chaque corps constitué du département.

Si intéressante et si rare que soit, paraît-il, cette pièce, nous ne croyons pas devoir la rééditer ici. Nous n'y relèverons que quelques noms qui fixeront la situation représentative, administrative et judiciaire du département. Ces noms sont, d'ailleurs, intimement liés aux faits que nous aurons à relater, et certains figureront dans la longue série de procès-

---

1. *Décadaire du Cantal*, N° 23.
2. *Procès-verbal des séances de l'Assemblée électorale du département du Cantal tenues dans la commune de Murat, le 20 Vendémiaire de l'an quatrième, et jours suivants.* St-Flour, G. Sardine, an IV, in-4° de 39 pages.

verbaux, de lettres et de rapports qui constitueront le chapitre suivant.

Sur 272 électeurs, 238 étaient présents dans la ci-devant église collégiale de Murat, où se tinrent les séances de l'Assemblée. Sur ce nombre, nous relevons les noms des treize électeurs choisis par les citoyens du canton de Salers :

Antoine Raoux, notaire à Salers ;
Pierre Marmontel, commissaire national au tribunal du district ;
Pierre Guy, de Saint-Bounet ;
Jean-André Cabanes, notaire à Saint-Chamant ;
Pierre-Guillaume Delzangles, officier de santé à Fontanges ;
François Rey, de Fontanges ;
George Dolivier, de Saint-Vincent ;
Antoine Mourguye, de Saint-Martin-Valmeroux ;
Antoine Lafarge, notaire à Saint-Vincent ;
Nicolas Labourex, de Saint-Vincent ;
Antoine Bergeron, d'Anglards ;
Jean-Baptiste Lescurier-Fournol, d'Anglard ;
Jacques Auriac, d'Anglard.

Les premières opérations eurent lieu sous la direction du doyen d'âge, J. B. Vacher Tournemire, assisté du plus jeune des électeurs, Pierre-Hilaire Denevers, de Laroquebrou ; le bureau fut ensuite constitué, il se composait de :

Jean-Baptiste Devillas, président du tribunal civil de Saint-Flour, *Président ;*
François Armand, maire d'Aurillac, *Secrétaire ;*
Charles Vacher, maire de Mauriac,
Jean Daude, juge au tribunal de Saint-Flour,
Pierre Marmontel, commissaire national au tribunal de Salers, *Scrutateurs.*

Devillas, Armand et Daude étaient trois anciens Constituants, et ces deux derniers avaient été reclus pendant plusieurs mois sous la Terreur.

Le 22, l'Assemblée procéda à l'élection des deux tiers des membres de la nouvelle législature, pris dans le sein de la Convention nationale. Furent élus : Antoine Bertrand, Antoine-Dominique Chabanon, Alexandre-Marie Thibault et Jacques Méjansac, qui obtiennent respectivement 213, 202,

180 et 175 voix sur 224 votants, tandis que leurs collègues Milhaud et Mirande n'en réunissaient que 18 et 16[1].

A la séance du soir se produisit un incident. Tandis que le secrétaire procédait à l'appel nominal pour former, d'après les ordres de la Convention, la liste supplémentaire triple de la première et composée de membres également pris sur la totalité de la Convention, le nom de Joseph Milhaud, l'un des électeurs de la sixième section du canton d'Aurillac, provoqua des réclamations :

« J'aperçois Milhaud à côté de nous, s'écria un des électeurs ; tout le monde sait qu'il était sous un mandat d'arrêt ; sa présence excite l'indignation publique ; je demande qu'avant d'exercer les fonctions d'électeur, il justifie du jugement qui l'a acquitté. »[2]

L'Assemblée partageant les sentiments de l'interrupteur, arrêta que Milhaud produirait le jugement qui l'avait mis en liberté. Mais Milhaud remit sur le bureau un arrêté du Comité de sûreté générale et de législation qui le mettait provisoirement en liberté ; il déclara, d'autre part, qu'il avait l'intention de se faire juger par les tribunaux pour les délits qui lui étaient imputés.

L'Assemblée, « par respect pour l'autorité » passa à l'ordre du jour, puis elle nomma comme suppléants : Cambacérès, Boissy d'Anglas, Daunou, Lanjuinais, Defermont, Lesage, d'Eure-et-Loir, Thibaudeau, Creuzé-Latouche, Baudin, des Ardennes, La Revéllière-Lepaux, Barras et Merlin, de Douai.

L'élection du tiers des membres du nouveau corps législatif, que l'Assemblée avait la liberté de choisir soit dans la Convention, soit au dehors, exigea deux tours de scrutin, après lesquels François Armand, maire d'Aurillac et Charles Vacher, maire de Mauriac, furent proclamés membres de la députation.

Enfin, dans les séances des 24 et 25 les électeurs procédèrent aux élections suivantes.

Juré près la haute cour de justice : Jean Daude, juge au tribunal de St-Flour.

Administrateurs du département : Jean-Baptiste Devillas, de Pierrefort ; Germain-Pierre Besse, d'Aurillac, président

---

1. Le chiffre des voix obtenues nous a été communiqué par M. J. Delmas.
2. *Procès-verbal.* Op. cit., p. 24 et 25.

du Directoire du département ; Pierre Ganilh, d'Allanche, procureur général syndic ; François-Marie Dolivier, de Salers, administrateur du département ; et Pierre Marmontel, d'Auzers.

Président du tribunal criminel du département : Jean Claux, d'Aurillac, président en fonctions de ce tribunal ; accusateur public près le tribunal criminel du département : Antoine-Joseph Guitard, d'Aurillac [1] ; greffier du tribunal criminel : François Palis, d'Aurillac, greffier en fonctions.

L'Assemblée eut également à nommer les 21 juges du tribunal civil. Leurs noms ayant été donnés dans l'*Histoire de la Révolution en Auvergne*, par M. Jean-Baptiste Serres, (t. X, pages 7 et 8), nous nous contenterons de faire observer que huit d'entre eux démissionnèrent. Le 30 Ventose an V, le président du tribunal civil écrivait à son collègue de l'administration centrale : « il n'y a dans ce moment au tribunal que 14 juges nommés par le peuple, savoir : Daude, Jean-Antoine Bertrand, Coutel, Dubois, Jean-Baptiste Bertrand, Bonnault, Teillard-Chambon, Bory, Farradesche, Latapie, Henry, Lescurier, Raynal et Lamouroux [2]. »

Le Cantal avait dès lors ses représentants, ses administrateurs et ses juges ; ce seront eux qui seront appelés à connaître des événements dont nous allons parler, bien qu'ils se soient passés quelques jours avant leur installation [3].

Nous avons vu quel était l'état des esprits ; les habitants de nos montagnes avaient été peu enthousiastes de la Constitution et des décrets, et n'avaient guère mis d'empressement pour la nomination de leurs électeurs. Néanmoins, la réaction thermidorienne avait produit dans le pays une détente,

---

1. Guitard était le rédacteur de *la Révolution du Cantal*. Nous connaissons deux éditions de ce travail : *La Révolution du Cantal (6 Brumaire de l'an III<sup>e</sup>) ou exposition de ce qui s'est passé dans la commune d'Aurillac, avant et après le 9 Thermidor, rédigée par ordre du représentant du peuple Musset, envoyé dans le département du Cantal, par la Convention nationale.* Aurillac, Viallanes père et fils, s. d. (an III<sup>e</sup>) in-4° de 124 p. ; et une réimpression : *La Révolution du Cantal ou exposition de ce qui s'est passé dans la commune d'Aurillac avant et après le 9 Thermidor, rédigée par ordre du représentant du peuple Musset, envoyé dans le département du Cantal par la Convention nationale.* Aurillac, L. Bonnet-Picut, 1879, in-4° de 96 p.

2. Arch. départ. du Cantal, L. 245.

3. L'administration du département du Cantal fut installée le 24 Brumaire et les tribunaux le 27.

avait fait, dans une certaine mesure, oublier les jours de la Terreur. L'espérance renaissait. La demi-tolérance du représentant Chazal à l'égard des prêtres ne suffisait pas aux habitants des campagnes et aux femmes si fermement attachés à leur religion, mais elle les berçait de l'espoir d'une prompte et complète restauration.

Il en était ainsi lorsque les électeurs cantaliens se séparèrent à Murat, le 27 Vendémiaire.

La Convention n'avait alors que 7 jours à siéger, et tandis que le 4 Brumaire (26 octobre 1795), à sa dernière séance, elle décrétait que la peine de mort était abolie, et prononçait une amnistie pour tous les faits relatifs à la Révolution, la veille elle avait voté une loi dont l'article premier portait : « Les lois de 1792 et 1793 contre les prêtres sujets à la déportation et à la réclusion seront exécutées dans les vingt-quatre heures de la promulgation du présent décret, et les fonctionnaires publics qui seront convaincus d'en avoir négligé l'exécution seront condamnés à deux années de détention. »

Cet article devait causer bien des déceptions, et soulever malheureusement de véritables émeutes. C'est de l'un de ces soulèvements, qui eut lieu dans les communes de Salers et de Saint-Bonnet, que nous allons essayer de donner l'aspect.

A Salers, en effet, les manifestations prirent des proportions inquiétantes pendant les journées des 11 et 12 Brumaire an IV. Un chroniqueur de l'époque, l'auteur anonyme des *Annales historiques de la ville d'Aurillac*, a jugé le fait assez important pour être signalé et il le résume en ces termes : « [novembre 1795] Il s'était élevé une émeute dans la commune de Saint-Bonnet, aux environs de Salers, où les uns avaient crié : Vive le Roy, et les autres : Vive la République; il y avait même eu un ou deux hommes de tués ; manœuvres qu'on ne pouvait qu'attribuer aux prêtres qui fanatisaient ces pauvres gens et les excitaient sans cesse à la révolte. Le 8 du mois, il y marcha un détachement de 300 hommes avec deux pièces de canon de la garde nationale d'Aurillac, qui en revint le 12 après y avoir rétabli l'ordre et arrêté une trentaine de ces séditieux qu'on mit en prison à Salers et à Mauriac [1]. »

M. J.-B. Serres, en publiant une partie du réquisitoire que prononça le substitut du commissaire du pouvoir exécutif

---

1. *Annales historiques de la ville d'Aurillac*. Manuscrit attribué à Gourlat, déposé aux Archives de la ville d'Aurillac.

près le tribunal civil de Saint-Flour, devant lequel fut portée l'affaire, a donné un résumé du mouvement insurrectionnel de Salers [1]. Mais il existe de nombreux documents relatifs à cette affaire et nous sommes heureux de pouvoir donner aujourd'hui ceux que nous possédons ou que nous avons pu recueillir. Procès-verbaux des municipalités, rapports des administrateurs, lettres des représentants, pétitions, etc., nous donneront la physionomie de cette petite révolution pendant la grande.

Ces différentes pièces peuvent dans une certaine mesure servir à montrer le caractère des gouvernants que nous verrons dans l'exercice de leurs fonctions, et aussi l'état d'esprit des gouvernés avec leurs réclamations, leurs desiderata, leurs modes de protestation. Nous les donnerons donc dans l'ordre chronologique, et bien qu'il y ait de nombreuses redites, nous les publierons in-extenso, en évitant toute critique, toute appréciation personnelle. Les documents authentiques portent en eux-mêmes leurs critiques, ils sont suffisamment éloquents pour permettre à chacun de juger sainement.

## II

### LES JOURNÉES DES 11 ET 12 BRUMAIRE AN IV A SALERS ET A SAINT-BONNET

*Procès-verbal de la municipalité de la commune de Salers.*

« Aujourd'hui 11 Brumaire l'an 4 de la République française une et indivisible, Nous, officiers municipaux de la commune de Salers, chef-lieu de canton du district de Mauriac, département du Cantal, n'ayant pu nous réunir dans la maison commune, à cause des événements dont sera ci-après parlé, nous sommes réunis dans la maison de l'un des nôtres où étant assemblés extraordinairement, a été rapporté par le citoyen Claux, maire, que ce jourd'hui entre 6 et 7 heures du jour il avait entendu battre quelques coups de tambour et aussitôt frapper à grands coups à sa porte, que surpris il avait ouvert la fenêtre et avait aperçu la lueur de plusieurs paquets de paille enflammés, que le devant de sa maison et que la place qui y aboutit étaient remplis d'hommes armés et à lui inconnus, que plusieurs d'entre eux lui prièrent d'illu-

---

[1]. *Histoire de la Révolution en Auvergne.* Mauriac, Kossmann, 1899, in-8°, T. X, p. 24. — Voir ce réquisitoire *infra*.

miner ses fenêtres et que s'il faisait pas de bon gré on le lui ferait faire par force, que leur ayant demandé le sujet de leur rassemblement il ne lui fut répondu que par des cris plus menaçants de mettre de la lumière aux fenêtres. Qu'alors il crut devoir se rendre à la maison commune, mais que la porte de sa maison se trouvant investie et gardée il fut forcé de remonter chez lui, que de sa fenêtre il s'aperçut que une partie de l'attroupement se dirigea vers la maison commune que l'autre resta sur la place et autour de sa maison, jusqu'aux environs de huit heures qu'il entendit frapper de nouveau à sa porte avec demande de l'ouvrir, qu'il ouvrit sa fenêtre et leur demanda ce qu'ils voulaient, qu'ils lui répondirent qu'ils ne voulaient lui faire aucun mal, mais qu'ils voulaient entrer chez lui, qu'il leur ouvrit la porte ; que sept à huit particuliers à lui inconnus entrèrent et lui demandèrent ses armes et la poudre qu'il pourrait avoir appartenant à la commune, a quoi il leur répondit qu'il n'avait ni arme ni poudre, qu'en s'en rapportant pas à sa déclaration ils firent visiter toute sa maison, que n'ayant point trouvé ce qu'ils cherchaient, ils se retirèrent sur la place et que sur les dix à onze heures l'attroupement se dissipa.

Et par les autres membres a été aussi rapporté qu'ayant été instruits de l'attroupement dont il vient d'être parlé, ils cherchèrent à se rendre à la maison commune ou à celle du maire, que parvenus auprès de la place, ils ne purent pénétrer, comme ayant été repoussés par des individus qui faisaient à ce qu'ils croient partie de l'attroupement, que les rues par où ils passèrent étaient désertes et que toutes les portes étaient fermées, ce qui leur démontra que tout le monde était en crainte.

Ensuite nous sommes transportés à la maison commune ayant fait appeler le citoyen Barthélémy gardien de la maison, l'avons requis de nous déclarer ce qui s'était passé dans cette enceinte, lequel nous a déclaré que aujourd'hui entre les sept heures du soir il entendit frapper à grands coups sur le portail de la cour de la maison commune faisant face à la place publique, qu'alors il se transporta vers le portail, qu'ayant reconnu par le grand bruit que c'était un grand attroupement d'hommes et de femmes il crut devoir ne pas ouvrir que lors ils enfoncèrent le portail, entrèrent dans la cour et le forcèrent par les plus vives menaces d'ouvrir la porte de la maison commune où ils entrèrent avec quelques paquets de paille allumée pour éclairer ; qu'ils se saisirent de tous les fusils garnis de leurs bayonnettes appartenant à la commune et sortirent en emportant les fusils et en faisant les plus vives menaces, ajoutant que le citoyen Martin Puech, procureur de la commune qui était entré pour empêcher l'enlèvement des fusils fut aussi vivement menacé, même poursuivi par une partie de l'attroupement, que tous ceux qui le formaient firent tout cela en grande précipitation et furent même sur le point d'enfoncer les armoires du greffe de la municipalité, que dans le grand nombre d'hommes et de femmes il ne pût reconnaître que le vacher du domaine du Causoubre, commune de St-Bonnet, le nommé

Loéché dit Baile, bouvier au domaine du Jarriges et la nommée Anne Artiges boiteuse fille a défunt Géraud Artiges, huissier habitant de cette commune, laquelle était munie d'un paquet de paille allumée, qu'il aperçut aussi que la nommée Marraine Rixain, femme de Juniot Sère, cultivateur habitant de cette commune fournissait de la paille aux attroupements pour faire lumière.

Et de suite avons visité la maison commune et avons remarqué que les fusils manquaient, qu'il y avait de la paille brûlée sur le plancher et que les verrous et ferrements du portail de la cour avaient été forcés.

Et après nous être assuré que le calme était rétabli dans toute la commune nous sommes retirés.

De tout quoi avons fait et rédigé le présent procès-verbal qui sera dénoncé et envoyé à la diligence du procureur de la commune, tant au juge de paix du canton qu'à l'administration du district de Mauriac et à celle du département du Cantal, et avons signé avec ledit Barthélémy, gardien de la maison commune.

Certifié conforme à la minute, signé Claux maire et le secrétaire.

Pour copie collationnée [1].

---

*Extrait des registres des arrêtés de la municipalité de la commune de Salers, département du Cantal, chef-lieu de canton.*

Séance du 12 brumaire an 4 de la République.

La municipalité instruite que plusieurs attroupements d'hommes et de femmes de la campagne armés de fusils à baïonnettes appartenant à cette commune qui furent enlevés à la maison commune le jour d'hier pendant la nuit, de faulx, de fourches de fer, coignées, coupe-foin, gros bâtons ferrés, s'étaient précipitamment introduits vers les midi dans cette commune et portés avec vitesse sur la place publique ou plusieurs d'entre eux avaient ensuite coupé avec précipitation les arbres de la liberté et de la fraternité qui y étaient plantés, qu'ensuite plusieurs d'entre eux se sont portés dans différentes maisons pour forcer les citoyens à leur remettre de la poudre et des armes notamment chez le citoyen Basset, l'un des officiers municipaux qui a été forcé de leur remettre son fusil.

Qu'ils se sont aussi portés chez le citoyen Martin Puech, procureur de la commune, qu'ils lui ont demandé ses armes, que se voyant hors d'état de leur résister il a consenti à les leur délivrer, mais que pour éviter tout accident il ne voulut le faire qu'après avoir tiré son fusil en l'air, qu'alors ayant voulu l'arracher des mains du dit Puech, le fusil avait pris feu et avait blessé dangereusement au bras le nommé Charles demeurant au lieu de Boussac, commune de St-Bonnet, que de suite les complices du dit Charles avaient saisi le dit Puech, l'avaient traîné par

---

1. Arch. nat., F. XIX, 1006.

les cheveux hors de sa maison et lui avaient porté plusieurs coups de bayonnette, de crosse de fusils et de faulx, que néanmoins il était parvenu à s'échapper de leurs mains et à se réfugier dans l'église où se trouva le citoyen Dupuy ministre des cultes qui le couvrit de son corps et le garantit de la fureur de ceux qui le poursuivaient, le fit entrer dans la sacristie où il s'évada par une fenêtre.

Que les dits attroupements s'étant dissipé après ces malheureux événements, la municipalité appercevant alors la possibilité de pouvoir aboutir à la maison commune, s'y est rendue pour aviser aux mesures qu'il y avait à prendre, où étant, a été rapporté que l'attroupement était composé en grande partie d'hommes et de femmes de la commune de St-Bonnet en ce canton de Salers, qu'on avait cru reconnaître le citoyen de Douhet fils, secrétaire de la municipalité de St-Bonnet, le citoyen Guy dit Gay fils aîné du lieu de Boussac, membre de la municipalité de St-Bonnet, le dit nommé Charles du lieu de Boussac et son frère demeurant bouvier au domaine de Charrevière, Jean Rolland fils aîné du lieu de St-Bonnet, Rolland son frère du lieu de Navaste et le fils aîné de Jean Guillaume du dit lieu de Navaste, André Tible, etc... Chevalier cadet du lieu de Tougouze, les bouviers et vachers de Jacques Apcher fermier au lieu de Salies, les deux fils de Bertrand Layac, cultivateur fermier au dit lieu de Salies en la dite commune de St-Bonnet et le fils d'Antoine Sermanon dit Lafon, bouvier au domaine de Fau Soutro en la dite commune de St-Bonnet. Que cet attroupement criait qu'ils voulaient *(sic)* conserver leur religion, qu'à ces propos s'étaient joints des propos plus séditieux et même cris de Vive le Roi, qu'en outre ils avaient fait des menaces les plus violentes aux citoyens de cette commune.

Sur quoi ouï et le requerant le citoyen Basset, officier municipal faisant les fonctions de substitut du procureur de la commune, actuellement malade, la municipalité profondément affligée de tous ces malheureux événements, arrête que les arbres de la liberté et de la fraternité seront incessamment renouvelés et plantés, que les auteurs et complices de ces attentats commis et ci-dessus énoncés seront dénoncés aux autorités constituées, qu'à cet effet expéditions du présent arrêté seront incessamment transmises à la diligence du procureur de la commune, au juge de paix, à l'administration du district et à celle du Département.

Observant que l'attroupement était si considérable que toute résistance aurait été vaine et n'aurait entraîné qu'à de plus grands malheurs, et que si pareils attroupements se renouvellent, la commune de Salers serait également dans l'impossibilité d'y résister, surtout si l'on fait attention qu'elle se trouve actuellement entièrement dépourvue d'armes. Au registre sont les signatures. Collationné et signé : Claux, maire et le secrétaire [1].

---

1. Arch. nat., F. XIX, 1006.

*Extrait du registre des délibérations de l'administration du département du Cantal*

Séance publique du 15 Brumaire l'an 4ᵉ de la République française une et indivisible,

Vu les procès-verbaux faits par la municipalité de Salers les 11 et 12 de ce mois, relativement aux attroupements formés en grande partie des habitants de la commune de Saint-Bonnet qui se sont portés dans celle de Salers, ont enlevé les armes de la maison commune, désarmés personnellement les officiers municipaux et des citoyens, arraché ou coupé les arbres de la liberté et de la fraternité et maltraité le citoyen Martin Puech, procureur de la commune;

Un arrêté du directoire du district de Mauriac du 14 de ce mois par lequel est invité l'administration de prendre les mesures convenables pour mettre les autorités constituées en état de faire respecter la loi, attendu qu'il n'a aucune force pour en imposer aux rebelles qui se proposent d'envahir les communes les plus considérables et d'immoler à leur rage les citoyens qui par leur civisme ont mérité leur haine;

Vu un autre procès-verbal de la municipalité de Mauriac du 12 relatif à l'effervescence qui s'est aussi manifestée lors de la publication de la loi du 4 et qui a occasionné des attroupements;

La copie d'une lettre écrite par la ditte municipalité au district de Mauriac par laquelle elle la prévient que quoi quelle soit parvenue à maintenir la tranquillité jusqu'alors et à dissiper les attroupements, la commune a été menacée d'une insurrection générale et d'un attroupement de plusieurs communes circonvoisines pour dimanche prochain 17 du courant, et qu'elle n'a ni force, ni vivres, ni munitions;

Un autre arrêté pris par le district de Mauriac du 14 de ce mois, pour inviter l'administration d'envoyer des troupes, des commissaires, et à employer tous les moyens quelle jugera nécessaire pour maintenir la tranquillité;

Vu enfin les lettres du district de Mauriac des 12 et 14 de ce mois;

L'administration du département du Cantal considérant que les excès auxquels se sont portés les rassemblements qui se sont formés dans la commune de Salers, et ceux dont est menacé la commune de Mauriac annoncent par leurs concerts le projet qu'ont conçu les ennemis de la Révolution d'empêcher s'il leur était possible l'établissement de la Constitution, que l'administration doit donc se hâter de les réprimer dans leurs principes, pour prévenir des désordres dont les suites pourraient devenir d'autant plus funestes qu'il paraît qu'ils prennent leur origine dans l'ignorance et le fanatisme;

Arrête, le procureur général sindic entendu, ce qui suit :

### ARTICLE PREMIER

Les habitants de la commune de Saint-Bonnet, canton de Salers, seront désarmés.

### Art. 2

Il sera envoyé à cet effet dans la ditte commune, un détachement de la force armée pris dans la garde nationale d'Aurillac avec deux pièces de campagne.

### Art. 3

Le commandant de la gendarmerie adjoindra au dit détachement six des brigades les plus voisines des lieux.

### Art. 4

Le commandant de ladite force armée et de la gendarmerie pourront stationner s'ils le jugent convenable leurs troupes à Salers.

### Art. 5

Sur la réquisition du directoire du district de Mauriac ou du commissaire cy-après nommé ils se transporteront dans les autres lieux et communes du district qui leurs seront indiqués.

### Art. 6

Le directoire du district de Mauriac et le dit commissaire pourront réquérir si besoin est du détachement de la force armée des communes dudit district.

### Art. 7

Le commandant de la garde nationale, et celui de la gendarmerie seront prévenus de faire leurs dispositions pour que le départ de la ditte force armée ait lieu le dix-sept de ce mois au matin.

### Art. 8

Le préposé des étapes du district d'Aurillac sera tenu de fournir en conséquence les rations de vivres et de fourrages aux lieux de payage et de séjour de la ditte force armée, le commissaire est autorisé à faire toutes les réquisitions nécessaires pour le transport des vivres et fourrages ; en conséquence il fera délivré au dit préposé un mandat de vingt mille livres par le payeur du département pour se procurer le pain nécessaire à la ditte étape.

### Art. 9

Le citoyen Dupuy que l'administration nomme commissaire pour accompagner la ditte force armée et surveiller à ses besoins, se concertera avec le district de Mauriac.

### Art. 10

Les procès-verbaux de la commune de Salers des 11 et 12 de ce mois seront envoyés à l'accusateur public pres le tribunal criminel du département, il en sera envoyé pareillement des copies avec le présent arrêté au comité de salut public ainsi que de celui de la municipalité de Mauriac du 12 et des lettres tant de la ditte municipalité que du directoire du district.

### Art. 11

Expédition du présent arrêté sera envoyé à la municipalité d'Aurillac qui demeure invitée de faire toutes les dispositions nécessaires pour préparer le départ de la ditte force armée et au directoire du district de Mauriac qui demeure expressément chargé de faire exécution en ce qui le concerne.

Collationné :

BESSE, PALIS, s<sup>re</sup> g<sup>l</sup> [1].

---

*Lettres du procureur général syndic du département.*

Aurillac le 18 Brumaire an 4 de la République française une et indivisible.

Le procureur général syndic du département du Cantal
Aux représentants du Peuple composant le comité de Sûreté générale.

Citoyens représentants,

Je vous envoie : 1° deux copies de procès-verbaux dressés par la municipalité de Salers les 11 et 12 de ce mois relativement à des attroupements formés en grande partie des habitants d'une commune voisine, 2° Copie de l'arrêté de l'administration de ce départ' du 15 qui contient les mesures nécessitées dans une circonstance aussi affligeante. La lecture des procès-verbaux devant vous faire connaître la cause de ces attroupements, je me crois dispensé d'entrer dans aucun détail, je vous observerai seulement que les mesures prises par l'administration auront, je pense, l'effet qu'elle en attend, elles empêcheront de semblables attentats de se renouveler à l'avenir ; si l'autorité de la loi n'est pas chérie d'un très grand nombre de malveillants, elles les forceront à la la respecter ou à la craindre ; j'ai lieu de croire que cet exemple maintiendra la tranquillité publique dans ce département ; je serai exact à vous informer du résultat que ces mesures auront produit ; comptez toujours sur l'énergie de l'administration à remplir ses devoirs.

Salut et fraternité.

P. GANILH [2].

---

Aurillac le 23 Brumaire an 4 de la République française une et indivisible.

Le procureur général syndic du département du Cantal
Au ministre de l'Intérieur.

Citoyen,

Pendant que le gouvernement constitutionnel s'est organisé, j'ai adressé au comité de sûreté générale et à la commission des adminis-

---

1. Arch. départ., du Cantal. Série L. Ce document et plusieurs autres relatifs à cette affaire ont été généreusement offerts par l'auteur de cet article aux Archives du Cantal (N. D. L. R.).
2. Arch. nat., F. XIX, 1006.

trations de police les procès-verbaux relatifs aux attroupements qui ont eu lieu les 11 et 12 de ce mois dans les communes de Salers et de Mauriac ; je présume que ces procès-verbaux auront été envoyés depuis que l'ancien gouvernement a cessé ses fonctions. Au surplus, je vais vous rendre compte de l'objet de ces mouvements séditieux, des causes qui les ont produits, des attentats qu'ils ont accompagnés et des mesures prises par l'administration.

La loi du 3 Brumaire du présent mois qui ordonne l'exécution de celles rendues en 1792 et 1793 contre les prêtres réfractaires fut à peine connue que le fanatisme et le royalisme coalisés ensemble ourdirent des complots pour étudier l'effet d'une mesure que le Salut Public avait pu commander. Ils ont tiré avantage des lois des 11 Prairial et... Vendémiaire en se présentant comme contradictoires avec celle du 3 de ce mois et on a induit que la convention qui n'avait aucun égard aux soumissions aux lois de la République avait voulu porter atteinte à la Religion. Les âmes faibles et superstitieuses se sont alarmées, les ennemis de la liberté qui sont toujours aux aguets pour tirer parti de la plus petite circonstance les ont irrités, partout des murmures et des plaintes se sont fait entendre. A Mauriac un attroupement se forma en demandant des prêtres et la conservation de la Religion, mais il n'eut aucune suite fâcheuse. Les autorités parvinrent à le dissiper. A Salers, un autre attroupement formé des habitants d'une commune voisine prit un caractère plus sérieux. Ils vinrent dans cette commune le 11 sur les 6 à 7 heures du soir, éclairés par des brandons, portés par des femmes, et armés de faulx, haches, bâtons et autres instruments offensifs. Ils forcèrent les portes de la maison commune d'où ils enlevèrent les fusils à bayonnette qui y étaient déposés et ne se retirèrent qu'après avoir coupé les arbres de la liberté, en criant *Vive le Roi* et en demandant la conservation de leur religion ; ils revinrent le lendemain à 2 heures de l'après midi, les uns s'étaient armés de fusils qu'ils avaient volés la veille, les autres des instruments dont on se sert dans l'agriculture ; ils visitèrent les maisons où il y avait des armes surtout celles qui avaient une réputation de patriotisme *(sic)* ils les prirent. Le procureur de la commune forcé de céder à la violence ne voulut remettre son fusil qu'après avoir usé de la sage précaution de l'avoir tiré lui-même en l'air, mais pendant qu'il prenait ses dispositions pour le décharger et qu'on se débattait avec lui pour le lui arracher, le fusil partit et les plombs atteignirent un des révoltés qui est mort de cet accident. Le procureur de la commune fut assez heureux pour s'échapper des mains de ces rebelles qui devinrent furieux en voyant un des leurs blessé à côté d'eux. Il se réfugia dans l'église où il se rencontra un prêtre insermenté qui eut le courage et l'humanité de le défendre et qui fit évader par la sacristie.

L'administration du département a pris dans ces circonstances les mesures indiquées par la loi et que des attentats aussi affreux pouvaient lui prescrire. Elle a envoyé sur les lieux un détachement de 300 hommes composés de gardes nationaux de la commune d'Aurillac, chef-lieu du département, deux pièces de campagne et six brigades de gendarmerie, un commissaire qu'elle nomma était à la tête de la force armée dont l'emploi avait pour objet de protéger l'officier de police dans l'instruction de la procédure criminelle, de saisir et arrêter les auteurs et instigateurs contre lesquels il y auraient des mandats d'arrêt et d'emmener et de faire remettre les armes qui avaient été enlevées dans la commune de Salers ; l'arrêté de l'administration a été ponctuellement exécuté et le succès de ses mesures a été complet, une partie des armes ont été restituées, on assure que les autres le sont ou le seront ; plusieurs des coupables ont été arrêté mais on prétend que les principaux se sont évadés. L'appareil de la force armée qui a été déployée dans cette circonstance en a imposé à tous les malveillants. Le *précieux* avantage qui en est résulté et qui en résultera c'est qu'il préviendra beaucoup d'émeutes qui auraient eu lieu dans plusieurs autres communes à l'exemple de celle dont je viens de vous rendre compte ; j'espère que par cet exemple sévère la tranquillité publique ne sera plus troublée dans ce département. Vous serez informé exactement des poursuites qui se continueront contre les auteurs et complices des délits.

L'administration réclamera la condamnation des frais auxquels a donné lieu le déplacement de la force armée et en poursuivra le remboursement conformément à la loi. Cette mesure est un remède trop efficace pour en négliger l'emploi.

GANILH [1].

En marge et en travers du texte de cette lettre on lit les observations suivantes qui doivent émaner du Ministre de l'intérieur :

« Lettre où le ministre déployera son indignation contre les auteurs des événements, relèvera le courage des administrateurs et leur recommandera activité et surveillance.

« Leur observer qu'il n'y a pas de contradiction entre les lois de 1792 et 1793 et celle du 11 Prairial et 11 Vendémiaire puisque ces dernières ne donnent aucune absolution aux prêtres réfractaires, que celle du 3 brumaire n'est pas non plus contraire à la Constitution parce qu'il ne s'agit que de l'exécution de jugements administratifs ou judiciaires en vertu des lois de l'Etat non abrogées . . . . . . . . . . . . . . . .

« Qu'ils doivent employer ces moyens de convictions pour détruire les erreurs que le fanatisme fait naître et propage dans tous les esprits faibles et crédules et que dans tous les cas, ces armes doivent précéder ou accompagner toutes les mesures de rigueur que les circonstances peuvent nécessiter etc., etc. [2] ».

---

1. Arch. Nat., F. XIX, 1006.
2. Ibid., F. XIX, 1006.

*Lettre du Ministre de l'Intérieur.*

Aux citoyens administrateurs du département du Cantal.

Paris, le 8 Frimaire an 4.

Citoyens, j'ai reçu la lettre du 18 Brumaire et les arrêtés y joints que votre procureur général syndic a adressé au comité de sûreté générale relatifs à l'attroupement d'une grande partie des habitants de la commune de Salers où ils ont désarmés les officiers municipaux et des citoyens, coupé ou arraché des arbres de la liberté et maltraité le procureur de la commune.

J'ai appris avec plaisir que vous aviez pris les mesures les plus promptes pour réprimer le mouvement liberticide des habitants de St-Bonnet et que vous aviez dans cette circonstance majeure suivi la maxime de tout gouvernement sage : arrêter dans les principes. J'aime à croire citoyens que vous ne ralentirez pas votre surveillance et que vous parviendrez à paraliser dans votre ressort les efforts des ennemis de la République. J'attends aussi de votre activité et de votre fermeté l'assiette du régime constitutionnel. Vous y parviendrez encore par la prompte et bonne justice que vous rendrez aux administrés de votre ressort. C'est pour assurer leur tranquillité et leur bonheur et pour faire le bien du gouvernement commun qu'ils vous ont appelés aux fonctions administratives. Je suis persuadé que vous ne les tromperez pas dans leur espoir et vous devez compter ; je seconderai vos efforts en tout ce qui dépendra de moi. Vous voudrez bien, citoyens, ne pas me laisser ignorer l'effet des mesures que vous avez prises relativement à l'attroupement de St-Bonnet, ni la situation des esprits dans le ressort du département et vos réflexions sur les moyens de rappeler tous au seul vœu du bonheur de la Patrie, comme étant la base essentielle du bonheur individuel [1].

---

*Mémoire justificatif présenté par les officiers municipaux et les membres du Conseil général de la commune de St-Bonnet.*

Aux Citoyens administrateurs du département du Cantal.

Les officiers municipaux et membres du Conseil général de la commune de St-Bonnet, canton de Salers, district de Mauriac, vous exposent que le dix-huit du présent, ils ont été tout à coup épouvantés dans leurs misérables chaumières, par un appareil, dont il n'y a jamais eu d'exemple dans leur commune.

Le bruit des tambours, la lueur des bayonnettes, le hennissement des chevaux, les canons, les caissons, l'infanterie, la cavalerie, les cano-

---

1. Arch. Nat., F. XIX, 1006. Pièce non signée.

niers, tout dans le meilleur ordre, présentait le spectacle terrible de la guerre, et avançait à pas lents vers la demeure d'un petit nombre de cultivateurs paisiblement occupés à leurs travaux rustiques.

Les exposants se plaisent à rendre justice à la bonne tenue et à la discipline très exacte de cette troupe; elle ne leur a fait que le mal involontaire, mais incalculable, de glacer d'effroi des mères de famille, des enfants, des vieillards, et la très grande majorité de pauvres villageois, qui n'avaient jamais rien vu de semblable, et qui se crurent tous dévoués à la mort, sans pouvoir imaginer ce qui les exposait à un sort si rigoureux.

On leur dit que la municipalié de Salers les avait inculpés d'avoir organisé une insurrection, qui avait éclaté dans cette petite ci-devant ville, la nuit du onze au douze du courant, et une partie du lendemain ; en conséquence on les désarma ; e. cette commune de St-Bonnet, que Salers dépeint comme si redoutable, avait quatre fusils simples de chasse, et un pistolet de poche, beaucoup de faulx, de fourches et de coignées, instruments précieux de l'agriculture, qui ne furent jamais destinés à d'autres usages.

Les exposants ne furent point humiliés de l'enlèvement de leurs outils aratoires, ni du petit nombre d'armes, si nécessaires dans les campagnes contre les animaux malfaisants.

Mais ils furent plus indignés, que surpris, de l'atroce calomnie dont Salers avait voulu les noircir, quoi qu'ils soient habitués depuis longtemps à être délivrés par les pauvres qui y fourmillent, à être pillés par les praticiens qui y abondent, à être rançonnés par les membres des comités et commissions révolutionnaires, que cette petite cité a fournis, ils ne se seraient pas attendus à ce dernier trait, mais il leur sera facile de le repousser.

En effet, ils se sont informés de ce qui s'est passé ; et voici la vérité toute entière ; quelques personnes de Salers, ayant rencontré une douzaine de domestiques de la campagne, les engagèrent à se joindre à eux, pour obliger la municipalité à faire une pétition pour conserver le ministre de leur culte catholique, on conduisit d'abord ces pieux imbéciles au Palais, pour se saisir de quelques fusils qui y étaient très imprudemment déposés, ensuite ils furent chez les municipaux ; mais ces lâches magistrats qui d'un seul mot raisonnable auraient satisfait ces paysans égarés, se claquemurèrent chez eux, et fermèrent très exactement leurs portes et leurs fenêtres.

Cette petite troupe ignorante, croyant, sans doute, que la municipalité dormait, imagina de la réveiller au son du tambour, et se promena longtemps dans les rues avec cet instrument, en appelant les municipaux qui furent toujours sourds à leurs cris.

Quelques malveillants profitèrent de leur exaltation et de leur désœuvrement, et les portèrent à couper les arbres de la liberté, ensuite on leur fit entendre que le désarmement ordonné par la loi avait été mal exécuté; on leur désigna quelques individus, sous le nom de terroristes; ils leur demandèrent leurs armes, le procureur de la commune se trouva du nombre des personnes désignées; on fût le trouver chez lui, un coup de fusil fut tiré, un de ces paysans y fut blessé à mort, les autres laissèrent évader le maître de la maison, qu'ils auraient dû mettre en pièces, et tout consternés de cet événement ils ne songèrent plus qu'à se retirer en maudissant la silencieuse municipalité et les personnes de Salers qui les avaient engagés dans cette fâcheuse démarche.

Le malheureux domestique originaire de la commune d'Anglards, qui fût blessé chez le procureur de la commune mourut le lendemain chez le maire, quoiqu'il fût médecin et son frère chirurgien.

Voilà le récit sincère de cette prétendue insurrection, qui a mis en mouvement toute la force armée départementale; le procès-verbal de votre commissaire et les poursuites du juge de paix n'ajouteront rien à ces circonstances, que la désignation des auteurs et des acteurs de cette scène, qui n'eut été que burlesque sans la pusillanimité des municipaux de Salers.

D'après cela il semble que les exposants n'ont rien à redouter malgré toutes les calomnies que ces municipaux de Salers ont pu répandre.

Car enfin la loi du 10 Vendemiaire de l'an 4°, tit. 4, art. 1°, rend responsables de tous domages intérêts les communes dans le territoire desquelles il y a eu des attroupements, et lorsque les habitants de cette commune ont pris part à ces attroupements, elle est tenue de payer à la République une amende égale au montant de la réparation principale suivant l'art. 2 du même titre.

Pour que cette responsabilité ne pèse pas sur la tête de la commune, ou l'attroupement a eu lieu, il faut que deux circonstances essentielles concourent : 1° que les rassemblements aient été formé d'individus étrangers à la commune où l'insurrection a éclaté; 2° que cette dernière commune ait pris toutes les mesures qui étaient en son pouvoir pour les prévenir et en faire connaître les auteurs.

Or, c'est constant et il sera prouvé par le procès-verbal du commissaire : 1° que se sont des habitants de Salers qui non-seulement ont participé, mais qui ont même excité les délits commis dans l'insurrection dont il s'agit; 2° que ce ne sont que quelques domestiques de St-Bonnet qui y ont été attirés, or un domestique n'est pas un habitant et on sait que les loix pénales doivent être entendues dans leurs sens littéral le plus étroit, qu'on ne doit jamais leur donner d'extension; 3° la commune de Salers n'a pris aucune précaution pour prévenir cette insurrection, ce qui lui aurait été facile, ainsi c'est elle comme seule coupable qui doit supporter toute la peine.

A la vérité, l'art. 3 du même titre de cette loi veut que si les attroupements sont formés d'habitants de plusieurs communes, chacune d'elle soit responsable.

Mais on a déjà vu : 1° que ce ne sont que quelques domestiques de

St-Bonnet qui ont été remarqués dant cette insurrection, et qu'on ne peut les considérer comme habitants ; 2° cet article 3 ne s'entend et ne peut s'entendre que du cas où il y a eu une coalition publique et ostensible d'un certain nombre d'habitants d'une commune qui se sont réunis *publiquement* à d'autres pour opérer une insurrection ; parce qu'alors les bons citoyens de chaque commune qui s'en sont aperçus ont pu et du la prévenir, mais il serait ridicule de prétendre qu'une commune qui a ignoré l'évasion nocturne de quelques domestiques qui ont été à Salers soit responsable des délits qu'ils ont pu y commettre.

On le répète, la municipalité seule de Salers est coupable, elle ne fera pas croire qu'il lui fut difficile de dissiper un attroupement d'une douzaine de paysans, qui ne demandaient qu'à parler aux officiers municipaux, leur lacheté, leur affectation à se cacher ont causé tout le mal, c'est à eux seuls à le réparer.

Les anciennes loix ont rendu responsable en leurs noms, premièrement et principalement les officiers municipaux qui n'ont pas fait leur devoir ; la loi du 10 Vendémiaire n'y a pas dérogé, et si elle a étendu la peine aux citoyens ce n'est que pour les disposer à venir plus vite au secours de leurs magistrats, mais cette loi n'a pas entendu décharger ceux-ci de leur responsabilité personnelle et essentielle lorsqu'ils abandonnent lachement le peuple et qu'ils trahissent sa confiance ; en un mot, les communes ne sont responsables que lorsque les municipalités ont fait leur devoir, et que les citoyens sourds à la voix de leurs magistrats n'ont pas fait le leur, et ont refusé de les seconder, voilà le vrai, l'unique sens de la loi du 10 Vendémiaire.

Au surplus, il suffit aux exposants d'avoir démontré qu'on ne peut leur imputer aucun blâme, l'administration saurait bien decouvrir et punir les vrais coupables qui ne peuvent être autre que auteurs et acteurs des délits et les officiers municipaux de Salers qui par état devaient, qui par leurs moyens pouvaient facilement les prévenir et qui ont lachement abandonné leur poste.

Par ces motifs, les exposants espèrent avec confiance, citoyens, que vous ordonnerez que leurs fusils et pistolets et leurs outils aratoires leur seront rendu et qu'ils seront déchargés de toutes responsabilité relativement aux événements arrivés en la commune de Salers.

CHABANON, maire ; RONGIER, GUY, VEIRIERE, COURBOULLES, DELZONGLES, SAUROU, GUY, CHAZETTES, (ILLISIBLE), GUILLIOME, BORNE, ARNAL, MONTIMAR, LAFARGE [1].

---

1. Arch. départ., du Cantal. Pièce offerte par l'auteur. (N. D. L. R.).

*Lettre de Lalo au député Vacher*

Mauriac, le 27 Brumaire l'an 4 de la République française.

Citoyen représentant,

Vous connaissez depuis longtemps l'esprit de notre département et sans doute aujourd'hui les mesures que le Directoire exécutif va employer pour assurer le triomphe de la République. Songeons à conserver la paix dans notre pays, elle y a déjà été troublée et bientôt on peut y voir la guerre civile.

La nuit du 11 au 12 de ce mois (l'on avait alors reçu la loi du 4 Brumaire), un certain nombre d'individus de St-Bonnet se sont rendus à Salers, ils ont enfoncé les portes de la maison commune et ont enlevé ses fusils. Ils y sont revenus le lendemain. Les arbres de la liberté ont été abattus. Les cris de Vive le Roi se sont fait entendre. On s'est porté chez Despeuch, procureur de la commune. On voulait lui arracher son fusil; le coup est parti; un des insurgés a été blessé et est mort peu d'heures après. Despeuch blessé de coups de bayonnette ou de faulx s'est sauvé dans l'église, où le missionnaire Dupuy l'a couvert de son corps et lui a ménagé le moyen d'échapper à ses assassins.

Dans le même temps nous avons eu à Mauriac quelques insurrections femelles. La colère de nos héroïnes s'est exalhées en injures, tout en est resté là.

Il n'est pas nécessaire de vous dire que la liberté des cultes a été le prétexte de ces événements. Le département a envoyé à Salers une force imposante; des perquisitions ont été faites à St-Bonnet, aucun des vrais coupables n'a été saisi. Les arbres de la liberté ont été replantés, mais ces mesures ne nous rendent pas le calme. Nous sommes journellement menacés de nouvelles émeutes. On fait croire au peuple, surtout aux habitants des campagnes que quelques citoyens qu'on désigne ont provoqué le décret dont on se plaint; on me fait l'honneur d'être au nombre où je suis menacé d'assassinat et d'incendie.

Je suis sur le point de donner ma démission de la place de président de l'administration municipale à laquelle m'a porté malgré moi le vœu de mes concitoyens. La maladie de mon père qui commence à reprendre des caractères les plus dangereux me laisse seul chargé du soin de nos affaires. L'ingratitude du peuple, ses écarts, j'ose même le dire, ces loix réactives qui exprimant le désir de servir le peuple lui enlèvent ce qu'il préfère à tous les bienfaits de la Révolution, tout enfin me fait connaître l'impossibilité où je suis de remplir cette place et surtout d'en être utile.

Je vous invite cependant, à prévenir les maux qui menacent notre pays; j'ai tout lieu de craindre un soulèvement général. Déjà plusieurs communes ont pris sous leur protection les prêtres réfractaires à Ailles, à Moussages, à St-Vincent, etc., ils exercent encore leur ministère. On parle de les rappeler dans les autres communes.

Un arrêté du sept, qui ordonne leur arrestation sur le champ a encore irrité les esprits. Ne serait-il pas possible d'obtenir un amandement à la loi en faveur des prêtres qui auraient fait leur soumission? C'est je crois le seul moyen de conserver le calme dans le pays et peut-être le pays à la liberté.

Veuillez m'aider de vos conseils et diriger ma conduite ; je suis d'autant plus fondé à donner ma démission que tous les citoyens qui ont quelqu'influence sur le peuple paraissent approuver les égarements, qu'on s'attend à la guerre civile, que tout le monde se range du côté du plus fort et que les autorités constituées seront seules à désirer l'exécution des loix.

Enfin s'il y a de la faiblesse à quitter ma place à la vue du danger, il y a de la prudence à le prévoir et du patriotisme à ne pas se charger d'un employ qu'on ne peut dignement remplir et où l'on a le désespoir de n'opérer aucun bien. Je me déciderais d'après la réponse que, j'espère, vous aurez la bonté de ne pas me faire attendre, heureux si nous conserverons la tranquillité jusqu'à ce moment.

Salut et fraternité.

H. LALO [1].

---

*Lettre de Vacher.*

A Paris, le 9 Frimaire 4ᵉ an de la République française.

Le représentant du peuple Charles Vacher, député du département du Cantal, membre du Conseil des anciens,

Au ministre de l'intérieur.

Citoyen ministre,

Je viens de recevoir la lettre ci-jointe du citoyen Henry Lalo, président de l'administration municipale du canton de Mauriac, département du Cantal, et depuis élu par le Directoire exécutif son commissaire près la même administration.

Affligé des excès qu'elle raconte, effrayé de ceux qu'elle présage, je crois remplir mon devoir, en vous l'adressant en original. Je vous invite, citoyen ministre, à peser dans votre sagesse, les faits et les idées qu'elle contient. Je vous invite à porter le plus prompt remède à l'état alarmant de mon pays en évitant toutefois les mesures violentes, qui, d'après la connaissance que j'ai de son esprit public, n'y produiraient, je pense, qu'un mauvais effet.

---

1. Arch. Nat., F. XIX, 1006. M. Serre a reproduit cette lettre avec quelques variantes et en désignant le député Armand comme son destinataire, alors qu'il s'agit de Vacher. *Op. cit.*, t. X, p. 31.

Une sage combinaison de fermeté, de douceur et de prévoyance est, dit-on, beaucoup plus dans votre caractère. Je ne doute pas qu'elle soit beaucoup plus utile aussi.

Salut et fraternité.

Charles VACHER, rue St-Honoré, n° 68 [1].

*Réponse du Ministre.*

Paris, le 12 Frimaire 4ᵉ année.

Je vous remercie, citoyen, des renseignements que vous me donnez sur la situation de quelques communes de votre département; ma correspondance m'avait déjà fait connaître une partie des détails que contient la lettre du citoyen Lalo et j'avise aux moyens de ramener le calme dans ces contrées et de délivrer les malheureuses victimes qui les habitent des dangers du fanatisme.

Sans y causer une trop forte commotion, car je partage votre opinion, il ne faut recourir aux mesures fortes que lorsqu'on désespère de réussir par la persuasion et la douceur. Au surplus, comme les localités vous sont parfaitement connues ainsi que le caractère des habitants, je vous prie, citoyen, de me faire part de votre opinion et de fournir à mon zèle l'occasion de servir utilement votre pays [2].

*Extrait du registre des arrêtés de l'administration du département du Cantal.*

Séance publique du 29 Ventose l'an 4ᵉ de la République française une et indivisible.

L'administration du département,

Vu deux procès-verbaux en date des 11 et 12 Brumaire dernier, dressés par la municipalité de Salers, des rassemblements séditieux et contre-révolutionnaires qui se formèrent les susdits jours dans cette commune;

L'arrêté de cette administration en date du 15 du même mois contenant des mesures répressives contre lesdits attentats, et ordonnant l'envoy d'une force armée sur les lieux en révolte pour y ramener le calme, et donner au juge de paix la facilité de commencer l'instruction contre les auteurs et instigateurs;

L'état des dépenses faites pour le service de l'artillerie, réparations aux trains et avantrains des deux pièces et nettoyement des fusils, et arrêtées par les administrateurs municipaux de la commune d'Aurillac à la somme de dix-sept mille trois cents une livre, cy, 17,301 l. 11 s. 11 d.

Autre état présenté par le citoyen Dupuy, commissaire de l'adminis-

---

1. Arch. Nat., F. XIX, 1006.
2. *Ibid.*, F. XIX, 1006.

tration du département près de la force armée, de la dépense faite pour les frais de transports et convois militaires, rations de vivres et fourrages, se montant en totalité à la somme de cent quatre mille sept cent trente deux livres, cy.......................... 104,732 l. 11 s. 11 d.

Autre état des rations de vivres et fourrages fourni par le citoyen Garnier, préposé aux étapes à Saint-Cernin et à Aurillac, suivant sept feuilles de route ou certificats de fournitures et bons de service en date des 18, 21, 22 et 23 Brumaire dernier, ledit état se montant à la somme de trente-deux mille huit cent quatre livres, cy.......... 32,804 livres.

Le certificat délivré par le citoyen Héraut cadet, garde magasin des effets militaires, en date du 28 Frimaire, par lequel il a certifié avoir délivré au détachement de la garde nationale partie pour Salers la quantité de deux cent trente-sept paires de souliers, valant au cours du commerce la somme de cent douze mille deux cent livres, cy, 112,200 livres.

L'état de la dépense faite par le commissaire nommé par le cy-devant district de Mauriac pour diriger le détachement de cette commune envoyé à Salers, se montant à la somme de huit cent livres, cy, 800 livres.

L'état de la fourniture des rations de vivres, vin et fourrages faites au susdit détachement composé de trente hommes par l'étapier de la commune de Mauriac, se montant à la somme de quatre mille cinquante-deux livres dix sols, cy............................ 4,052 l. 10 s.

Six certificats de la municipalité de Salers, en date des 4, 6 et 26 Nivose dernier contenant savoir le premier, que le citoyen Riom a fourni et délivré à cinq gendarmes en station dans cette commune pendant vingt jours la quantité de cent soixante-quatorze livres de pain à raison de vingt livres la livre, montant à la somme de trois mille quatre cent quatre-vingt livres, cy .... ............................ 3,480 livres.

Le second, que Jacques Louradour, boucher, a fourni et délivré pour un lieutenant et quatre gendarmes pendant quarant-cinq jours, la quantité de cent vingt-deux livres de viande à raison de quinze francs la livre, montant à la somme de dix-huit cent trente livres, cy... 1,830 livres.

Le troisième qu'il a été fourni par Antoine Lavialle et Antoine Espalier pendant dix-neuf jours à cinq chevaux, et par Pierre Robert et Joseph Noël pendant vingt-cinq jours à quatre chevaux la quantité de trente-neuf quintaux soixante-quinze livres foin, à raison de deux cents livres le quintal, montant à sept mille neuf cent cinquante livres, cy, 7,950 l.

Le quatrième qu'Anne Talon, boulangère, a fourni depuis et compris le 11 Frimaire jusques et compris le 5 Nivose, la quantité de cent douze livres et demie de pain à un lieutenant et à trois gendarmes qui, à raison de quinze francs la livre, montent la somme de seize cent quatre-vingt-sept livres dix sols, cy............................ 1687 l. 10 s.

Le cinquième, que Jacques Louradour a fourni depuis et compris le 5 Nivôse, jusques et compris le 25 du même mois la quantité de cinquante livres de viande, qui à raison de vingt-cinq francs la livre montent douze cent cinquante livres, cy.................... 1.250 livres.

Le sixième, que Jean Escorolle et Louis Delort ont fourni à quatre chevaux de gendarmerie vingt-cinq livres de foin par jour depuis et compris le 6 Nivôse, jusques et compris le 25 du même mois, ce qui fait vingt quintaux qui à raison de deux cent livres le quintal, montent la somme de quatre mille livres, cy.................... 4.000 livres.

Un mémoire tendant à justification présenté par les officiers municipaux et membre du conseil général de la commune de Saint-Bonnet.

Considérant que, suivant les dispositions des articles 1<sup>er</sup>, 2, 3 et 4 du tit. 4 de la loy du 10 Vendémiaire sur la police intérieure des communes, les dommages et intérêts résultants des délits commis à force ouverte ou par violence par des attroupements ou rassemblements armés ou non armés sont dûs soit par les habitants des communes qui ont composé ces rassemblements, soit par les habitants des communes où ils ont été formés, à moins qu'ils n'eussent pris toutes les mesures pour les prévenir et en faire connaître les auteurs ou bien sauf leurs recours contre les auteurs des délits dans les cas où ils prétendraient n'y avoir pris aucune part.

Considérant que les sommes avancées par le trésor public, pour fournir la nourriture de la force armée dont l'envoy en la commune de Salers et en celle de Saint-Bonnet, fut rendu nécessaire par les attroupements qui s'y étaient formés doivent luy être remboursés par les habitants de ces deux communes, comme un dédomagement auquel a donné lieu leur révolte.

Considérant que suivant l'art. 2 du tit. 5 de la susditte loy, les procès-verbaux relatifs aux voyes de fait, excès et délits commis par des attroupements, doivent être envoyés au commissaire du pouvoir exécutif près le tribunal civil chargé par les articles 4 et 5 de fixer, sur le vu de ces procès-verbaux, le montant de ces réparations et des dommages et intérêts.

Arrête, le commissaire provisoire du directoire exécutif entendu, que les procès-verbaux des mouvements séditieux qui eurent lieu à Salers les 11 et 12 Brumaire dernier, l'arrêté de l'administration en date du 15 ordonnant l'envoy d'une force armée sur ces lieux, les états de dépenses cy-devant mentionnées et le mémoire des membres composants le cy-devant conseil général de la commune de Saint-Bonnet, seront envoyés avec le présent arrêté, au commissaire du directoire exécutif près le tribunal civil du département, qui sera invité de requérir la taxe de la dépense relative à la nourriture de la force armée envoyée en laditte commune de Salers et la condamnation contre les habitants de telle commune qu'il appartiendra.

Collationné.

BESSE, PALIS, s<sup>e</sup> g<sup>l 1</sup>.

---

1. Arch. départ., du Cantal. Série L. Pièce offerte par l'auteur (N. D. L. R.).

*Etat général de la dépense faite par la commune d'Aurillac pour l'expédition de Salers et Saint-Bonnet.*

Enregistré au Bureau militaire
du département
le 17 Frimaire, N° 210.

### ARTIFICE POUR LE SERVICE DE L'ARTILLERIE

Le citoyen Mazars a été chargé de faire les lances à feu, les étoupilles, et faire les mèches ; pour cela il a dépensé, savoir [1] :

#### MÈCHES

| | |
|---|---|
| Pour 12 fagots de genêts pour faire cuire les mèches à corde la somme de vingt-quatre livres, cy................ | 24 liv. |
| Pour un quart de vinaigre, la somme de quarante livres, cy.. | 40 |
| Pour six livres de chaux vive, celle de trois livres, cy....... | 3 |
| Pour les faire sécher au feu, vingt sols, cy................. | 1 |

#### LANCES A FEU

| | |
|---|---|
| Pour une livre fleur de soufre, celle de trente livres, cy...... | 30 |
| Pour quatre onces amidon, celle de vingt-cinq livres, cy .... | 25 |
| Pour deux livres de salpêtre raffiné, celle de cent soixante livres, cy ................................................. | 160 |
| Pour quatre mains de papier, celle de vingt-huit livres, cy... | 28 |
| Pour la ficele, celle de dix livres, cy ...................... | 10 |

#### ETOUPILLES

| | |
|---|---|
| Pour quatre onces esprit de vin à vingt-cinq livres l'une, celle de cent livres, cy ........................................ | 100 |
| Pour une once de gomme arabique, trente livres, cy......... | 30 |
| Pour deux jours et une nuit de travail qu'il a employé à faire le tout, il lui a été payé la somme de trois cents livres, cy. | 300 |
| Il a été payé au citoyen Gamet, marchand, la somme de quinze livres pour avoir fourni le coton nécessaire pour les étoupilles, cy ................................................ | 15 |
| | 766 liv. |

Réparations faites aux affuts et agrais de deux pièces de 4 au retour de l'expédition de Salers :

| | |
|---|---|
| Il a été payé à Catherine Bertrand, V° Usse, la somme de cent vingt livres pour deux livres d'oing pour graisser les essieux et moyeux des roues des canons pour lad. expédition, cy................................................... | 120 |
| D. L. P. ..... | 120 liv. |

---

1. Les prix portés sur ces états de dépenses représentent la valeur en assignats et l'on peut juger par leur exagération prodigieuse en quel discrédit était tombée cette monnaie de papier.

                                                          Cy contre.... 120 liv.
           Par Arlabosse, serrurier,

Pour avoir raccommodé quatre flottes de crochets, la somme
    de deux cents livres, cy.................................................... 200
Pour avoir raccommodé trois écouffillons avec leur ambre,
    celle de cent livres, cy...................................................... 100
Pour avoir fait six anneaux pour les palonniers, celle de six
    cents livres, cy.................................................................... 600
Pour avoir fait un anneau d'amberlage à écroue, celle de cent
    cinquante livres, cy........................................................... 150
Pour avoir fait un cercle à un moyeu de roue, celle de deux
    cents livres, cy.................................................................... 200
Pour avoir remis en place et fourni les clous, une semelle d'af-
    fut, celle de trois cent livres, cy...................................... 300
Pour avoir fait quatre clavettes pour le bout des essieux, cent
    vingt livres, cy................................................................... 120
Pour un billot de prolonge avec un grand anneau, quatre
    cents vingt-cinq livres, cy............................................... 425
Pour quatre bandes à écroue pour deux coffrets avec quatre
    équerres, et un cent de cloux, celle de six cents quinze li-
    vres, cy................................................................................. 615
Pour le raccommodage d'une bande de roue et pour dix clous,
    celle de trois cent trente-cinq livres, cy......................... 335
Pour deux chapiteaux en taule pour couvrir la lumière des
    canons, cinq cent vingt-cinq livres, cy........................... 525
Pour avoir fait un boute-feu et un porte-lance cassés, celle
    de deux cent vingt-cinq livres, cy................................... 225
Pour avoir raccommodé deux sceaux, celle de cent quinze li-
    vres, cy................................................................................. 115
Pour avoir fait deux palonniers, celle de cent soixante-cinq
    livres, cy............................................................................... 165
Pour avoir refait une calotte de sellette d'avant-train avec sa
    traverse, celle de cinq cents vingt-cinq livres, cy.......... 525
Pour avoir refait deux chaînes de retraite avec un grand an-
    neau, celle de trois cent quinze livres, cy..................... 315
                                                                                                           5.035 liv.

Réparations faites aux fusils destinés pour lad. expédition, et
estimés par le citoyen Reyt, arqbusier :

1° Pour nettoyer cent cinquante-six fusils, il en coûtera la
    somme de trois mille six cents livres, cy..................... 3.600 liv.
2° Pour trois baguettes de fusil de commission, il en coûtera
    celle de quinze cents livres, cy..................................... 1.500
                                                       D. L. P........ 5.100 liv.

|  |  |
|---|---|
| Cy contre.... | 5.100 liv. |
| 3° Pour cinq bayonnettes qui manquent et sont cassées, il en coûtera quatre mille cinq cents livres, cy ................ | 4.500 |
| 4° Pour un grand ressort cassé, il en coûtera cinq cents livres, cy ................ | 500 |
| 5° Pour un bois qu'il faut refaire, il en contera neuf cents livres, cy ................ | 900 |
| 6° Pour une sougarde, il en coûtera celle de cinq cents livres, cy ................ | 500 |
|  | 11.500 liv. |

### RÉCAPITULATION

|  |  |
|---|---|
| Artifice pour le service de l'artillerie.................. | 766 liv. |
| Réparations aux trains et avant-trains des deux pièces..... | 5.035 |
| Réparations faites aux fusils ........................ | 11.500 |
|  | 17.301 liv. |

Certifié le présent état, se montant à la somme de dix-sept mille trois cents une livres, sincère et véritable.

Fait en la maison commune d'Aurillac le vingt-huit Frimaire 4ᵉ année républicaine.

DEJOU, admʳ, DELSOL fils, HERAULT cadet,

Par l'Administration municipale,

LABORIE, sʳᵉ [1].

---

*État de la dépense de la force armée qui s'est transportée à Salers et à St-Bonnet par ordre de l'administration du département du Cantal*
*(17 Brumaire)*

Enregistré au Bureau militaire
du département
le 22 Frimaire 4ᵉ.

|  |  |
|---|---|
| Payé à Bouchet pour quatre jours pour cinq chevaux d'artillerie à raison de 600 liv. par chaque cheval.......... | 12.000 liv. |
| A Visseq cadet pour autres deux chevaux d'artillerie aussi pour quatre jours au même prix.................. | 4.800 |
| A Cros pour autre cheval d'artillerie aussi pour quatre jours au même prix ........................ | 2.400 |
| D. L. P...... | 19.200 liv. |

[1]. Arch. départ., du Cantal, Série L. Pièce offerte par l'auteur (N. D. L. R.).

|  | | Cy contre....... | 19.200 liv. |
|---|---|---|---|

Aux boulangers :

| | Savoir à la Goutal, boulangère, pour mille livres de | |
|---|---|---|
| 10 qˣ | de pain à 20 liv. la livre ..................... | 20.000 |
| | Au nommé Montauban, cent cinquante-trois livres | |
| 1 53 | pesant pain blanc, à 20 l. la livre ... ......... | 3.060 |
| | A Viellescazes, deux cent cinquante-cinq livres pe- | |
| 2 55 | sant pain blanc, à 20 l. ..................... | 5.100 |
| | A Antoine Larribe, pain mélangé deux cent vingt- | |
| 2 28 | huit livres à 16 l. ......................... | 3.648 |
| ——— | Payé à Loussert, fermier, pour le transport du pain | |
| 16 36 | à Saint-Cernin, huit cent livres, cy ............ | 800 |

### ÉTAPE DE SAINT-CERNIN

Rations de vin, viande, fourrages

| | | |
|---|---|---|
| Un commandant ............... | 2 | |
| Adjudant-major ............... | 1 1/2 | |
| Un capitaine d'artillerie ......... | 2 | |
| 2 autres capitaines ............. | 3 | |
| Un lieutenant d'artillerie ......... | 2 | |
| 2 autres lieutenants ............ | 3 | |
| 2 sous-lieutenants .............. | 3 | |
| 1 tambour-major................ | 1 | |
| 8 sergents .................... | 8 | |
| 16 caporaux .................. | 16 | |
| 229 fusiliers ou tambour ......... | 229 | |
| 4 conducteurs d'artillerie ........ | 4 | |
| 14 gendarmes des brigades de Vic, Aurillac et Saint-Mamet ........ | 14 — 14 — 14 | |
| | 288 1/2— 14 — 14 | |
| | vivres  fourrages | |
| | 2 | |
| Le capitaine de la gendarmerie ... | 2    2 · 1 | |
| | 292 1/2— 16 — 15 | |

| | | |
|---|---|---|
| 292 1/2 rations vin à 30 liv.... | 8.775 livres ) | |
| 16 rations viande à 4 liv..... | 64 } ........ | 9.589 liv. |
| 15 rations fourrages à 50 liv.. | 750 ) | |
| Transport du pain de Saint-Cernin à Salers............. | | 1.300 liv. |

### 18 BRUMAIRE A SALERS

Garde Nationale d'Aurillac :

| | | |
|---|---|---|
| Un commandant ................ | 2 | 2 |
| 1 adjudant-major. ............... | 1 1/2 | 1 |
| 1 capitaine d'artillerie............ | 2 | 1 |

|  | D. L. P..... | 62.697 liv. |
|---|---|---|

|  | vivres | fourrages |
|---|---|---|
| | Cy contre.... | 62.697 liv. |
| 1 lieutenant d'artillerie............ | 2 | |
| 2 autres lieutenants ............... | 3 | |
| 2 sous-lieutenants................. | 3 | |
| 1 tambour-major ................. | 1 | |
| 8 sergents....................... | 8 | |
| 16 caporaux..................... | 16 | |
| 229 fusiliers ou tambour.......... | 229 | |
| 4 conducteurs d'artillerie ......... | 4 | |
| Gendarmerie nationale : | | |
| Un capitaine.................... | 2 | 1 |
| Un lieutenant................... | 2 | 1 |
| Brigade d'Aurillac : 6 gendarmes .. | 6 | 6 |
| — de Vic : 4 gendarmes ..... | 4 | 4 |
| — de St-Mamet : 4 gendarmes | 4 | 4 |
| — de Mauriac, St-Martin et Pleaux : 17 gendarmes.. | 17 | 17 |
| Autres deux gendarmes qui accompagnaient la caisse ............. | 2 | 2 |
| Garde nationale de Mauriac : | | |
| 1 capitaine .................... | 1 1/2 | 1 |
| 30 fusiliers .................... | 30 | |
| | 343 | 42 |

| | | |
|---|---|---|
| 343 rations de vin à 22 l. 10 s... | 7717 l. 10 s. | |
| id. de viande à 4 l. 10 s. ..... | 1543 10 | ........ 11.361 |
| 42 de fourrages à 50 l......... | 2100 » | |
| | | 74.058 liv. |

### 19 Brumaire

|  | vivres | fourrages |
|---|---|---|
| Un commandant ................ | 2 | 2 |
| Un adjudant-major............... | 1 1/2 | 1 |
| Un capitaine d'artillerie.......... | 2 | 1 |
| 2 autres capitaines .............. | 3 | 2 |
| 1 lieutenant d'artillerie........... | 2 | |
| 2 autres lieutenants ............. | 3 | |
| 2 sous-lieutenants................ | 3 | |
| 1 tambour-major................. | 1 | |
| 8 sergents ...................... | 8 | |
| 16 caporaux .................... | 16 | |
| 229 fusiliers ou tambour ......... | 229 | |
| 4 conducteurs d'artillerie ........ | 4 | |
| | D. L. P.... | 74.058 liv. |

|  | Cy contre.... | 74.058 liv. |
|---|---|---|

|  | vivres | fourrages |
|---|---|---|
| Gendarmerie nationale : |  |  |
| 1 capitaine | 2 | 1 |
| 1 lieutenant de Mauriac | 2 | 1 |
| 1 sous-lieutenant de Maurs | 2 | 1 |
| 6 gendarmes d'Aurillac | 6 | 6 |
| 4 de Vic | 4 | 4 |
| 4 de Saint-Mamet | 4 | 4 |
| Mauriac, St-Martin et Pleaux : 17 gendarmes | 17 | 17 |
| Autres deux gendarmes qui accompagnaient la caisse | 2 | 2 |
|  | 313 1/2 | 42 |

| 313 1/2 rations de vin à 20 l | 6.270 livres. | ⎫ |  |  |
|---|---|---|---|---|
| id. rat' de viande à 4 l. 10 s. | 1.410 l. 53 s. | ⎬ | ........ | 9.780 liv. |
| 42 de fourrages à 50 liv. | 2.100 l. | ⎭ |  |  |

### 20 Brumaire a Salers

|  | vivres | fourrages |
|---|---|---|
| Gendarmerie nationale : |  |  |
| 1 capitaine | 2 | 1 |
| 1 lieutenant | 2 | 1 |
| 6 gendarmes d'Aurillac | 6 | 6 |
| 4 de Vic | 4 | 4 |
| 4 de Saint-Mamet | 4 | 4 |
| Mauriac, Saint-Martin et Pleaux... | 17 | 17 |
| 8 gardes nationales pendant la nuit pour exécuter les mandats d'arrêts | 8 |  |
|  | 43 | 33 |

| 43 rations vin à 20 liv | 860 liv. | ⎫ | ...... | 2.510 |
|---|---|---|---|---|
| 33 rations fourrages à 50 liv. | 1.650 | ⎭ |  |  |

### Même jour, Étape de Saint-Cernin
#### en rations de vin

| Un commandant | 2 |
|---|---|
| 1 adjudant-major | 1 1/2 |
| 1 capitaine d'artillerie | 2 |
| 2 autres capitaines | 3 |

| D. L. P. .. | 86.348 liv. |
|---|---|

                                            Cy contre....    86.348 liv.

| | |
|---|---|
| 1 lieutenant d'artillerie | 2 |
| 2 autres lieutenants | 3 |
| 2 sous-lieutenants | 3 |
| 1 tambour-major | 1 |
| 8 sergents | 8 |
| 16 caporaux | 16 |
| 229 fusiliers ou tambour | 229 |
| 4 conducteurs d'artillerie | 4 |

274 1/2 à 30 l. la ration   8.235 liv.

## 21 Brumaire, Étape de Saint-Cernin

| | vivres | fourrages |
|---|---|---|
| 1 capitaine | 2 | 1 |
| 6 gendarmes d'Aurillac | 6 | 6 |
| 4 de Vic | 4 | 4 |
| 4 de Saint-Mamet | 4 | 4 |
| | 16 | 15 |

| | | |
|---|---|---|
| 16 rations de vin à 30 l. | 480 liv. | |
| 16 rations de viande à 4 l. | 64 | 1.294 liv. |
| 15 — de fourrages à 50 l. | 750 | |

## Même jour, Étape d'Aurillac

| | rations de vin |
|---|---|
| Un commandant | 2 |
| Un adjudant-major | 1 1/2 |
| 1 capitaine d'artillerie | 2 |
| 2 autres capitaines | 3 |
| 1 lieutenant d'artillerie | 2 |
| 2 autres lieutenants | 3 |
| 2 sous-lieutenants | 3 |
| Un tambour-major | 1 |
| 8 sergents | 8 |
| 16 caporaux | 16 |
| 229 fusiliers ou tambours | 229 |
| 4 conducteurs d'artillerie | 4 |
| | 274 1/2 |

Les 274 rations 1/2 vin à 30 l. montent....   8.235 liv.

                                D. L. P.....  104.112 liv.

|  |  |
|---|---|
| Cy contre........ | 104.112 liv. |
| Payé le même jour à Bouchet, pour le loyer de ses chevaux pour un jour, au nombre de cinq.............. | 3.000 |
| A Visseq, pour deux chevaux........................ | 1.200 |
| A Cros, dit Libournet, pour un cheval ................ | 600 |
| Remboursé au citoyen Henry, pour le transport d'un garde nationale, malade, de Salers à Aurillac .............. | 300 |
| Pour la dépense du commissaire, le loyer du cheval, frais de nourriture et menues dépenses ................. | 4.240 |
|  | 113.452 liv. |

La troupe n'ayant pas consommé le pain qui avait été transporté à Salers, le commissaire l'a laissé à cette commune au prix qu'il avait coûté, savoir :

| | | | |
|---|---|---|---|
| Pain blanc, | 316 livres, à 20 l..... | 6.320 liv. | |
| Pain mélangé, 150 | — à 16 l..... | 2.400 | } 8.720 |
| 466 livres | | | |

Cette somme doit être déduite sur celle de 113.452 l. de manière que la dépense effective ne se monte qu'à la somme de 104.732, cy ................................. 104.732 liv.

Dupuy, comm<sup>re</sup> [1].

---

*Réquisitoire du substitut du commissaire du pouvoir exécutif près le tribunal de Saint-Flour.*

Le 11 Brumaire an 4, vers 6 ou 7 heures du soir, un attroupement d'hommes armés, précédé d'un tambour parut sur la place de la commune de Salers. Il marchait à la lueur de brandons de paille; les individus qui le composaient criaient de mettre des lumières aux fenêtres.

Une partie de ce rassemblement, lors composé d'hommes et de femmes, se porta au-devant de la maison commune, enfonça le portail de la cour de cette maison, et força par menaces le concierge de leur en ouvrir la porte. Ces individus en enlevèrent tous les fusils, garnis chacun de sa bayonnette, que la municipalité y déposait.

L'autre partie de cet attroupement se rendit à la maison du citoyen Claux, maire, pour enlever des armes et munitions; il en fit inutilement la recherche.

Ce mouvement cessa sur les onze heures du soir.

La commune de Salers ne prit aucune mesure pour dissiper ce rassemblement qui, en ce moment, n'était pas considérable. La municipa-

---

1. Arch. départ., du Cantal. Série L. Pièce offerte par l'auteur (N. D. L. R.). Nous ne croyons pas devoir publier les autres états des dépenses mentionnés dans l'arrêté du 29 Ventôse (page 31): il sera facile de les consulter aux Archives du département du Cantal. Série L, où ils sont déposés.

lité ne parut pas, et ce ne fut qu'après le retour de la tranquillité qu'elle se rendit à la maison commune ; elle en dressa procès-verbal entour minuit. Je dois observer que d'après cet acte, quatre individus furent seulement reconnus, dont un de St-Bonnet, un autre de la Jarrige et deux femmes de la commune de Salers.

Le lendemain 12, entour l'heure de midy, l'insurrexion devint plus grande, plusieurs rassemblements d'hommes et de femmes se portèrent sur la place de la même commune de Salers; ils étaient tous armés partie de fusils, partie de faux, les uns de fourches de fer, coignées, les autres de coupe-foin et battons.

Les arbres de la Liberté et de la Fraternité y furent coupés et brûlés et les cris de vive le Roy y furent proférés et répétés.

Plusieurs des insurgés s'introduisirent dans les habitations de divers citoyens qu'ils désarmèrent, nottamment du citoyen Basset, l'un des officiers municipaux.

Le même désarmement eut lieu envers le citoyen Peuch, procureur de la commune, mais celuy-cy ne voulut céder son fusil qui se trouvait chargé qu'après l'avoir tiré en l'air.

Un imprudent ayant voulu le luy arracher dans ce même moment, le fusil partit et le coup atteignit au bras le nommé Charles qui en mourut 24 heures après.

La municipalité de Salers qui avait resté cachée pendant ce second acte, se réunit de nouveau après la retraite de tous ces individus ; elle dressa procès-verbal de ces divers faits dont expédition fut envoyée aux administrations de district et de département. Il est dit en ce procès-verbal que « cet attroupement était composé *en grande partie* d'hom-
« mes et femmes de la commune de St-Bonnet ».

L'administration du département, instruite d'après ces procès-verbaux de ces divers mouvements, arrêta le 15 qu'un détachement de la force armée pris dans la garde nationale d'Aurillac avec deux pièces de campagne se transporterait dans la commune de Saint-Bonnet pour la désarmer. Par ce même arrêté, dix brigades de la gendarmerie furent adjointes au détachement, les commandants de cette force armée furent authorisés de stationer leurs troupes à Salers.

L'administration du district de Mauriac y envoya de son côté un piquet de garde nationale avec un commissaire.

Le détachement envoyé par l'administration du département était composé d'environ 250 hommes compris la gendarmerie. Il se porta dans les communes de Salers et Saint-Bonnet, où il fut employé pendant 6 jours; le piquet envoyé par le district de Mauriac y coopéra.

Toutes ces opérations ont exigé des dépenses considérables[1].

. . . . . . . . . . . . . . . . . . . . . . . . . . . . . . .

1. Suivent les différents états des dépenses relevés dans l'arrêté du 29 Ventose. Cf. ici pages 33, 34 et 35).

La commune de St-Bonnet prétend n'être tenue d'aucun de ce ces frais, elle dit qu'elle n'a pris aucune part à ces mouvements, que l'on ne peut qu'inculper quelques domestiques que des citoyens de Salers ont égaré et entraîné.

Cette prétention se trouve anéantie par les procès-verbaux de la municipalité de Salers des 11 et 12 ; par celuy du 11 on voit que dans le premier rassemblement il y avait des habitans de la commune de St-Bonnet, il est porté dans le second que le rassemblement qui eut lieu le 12 était composé *en grande partie* d'hommes et de femmes de la commune de St-Bonnet.

Je requiers, qu'attendu qu'il résulte des procès-verbaux de la commune de Salers des 11 et 12 Brumaire que des habitans des communes de Salers et St-Bonnet ont pris part à ces rassemblements, qu'elles soyent condamnées chacune par moitié au payement des dépenses occasionnées et faites par la force armée envoyée dans ces communes pour y rétablir le bon ordre et ce suivant la fixation qui en sera faite par le tribunal et en une amende égale.

A l'effet de tout quoy qu'expéditions du jugement à intervenir soyent envoyées l'une à l'administrateur du département et l'autre au directeur général de la régie de ce département, que le jugement à intervenir soit imprimé et affiché dans toutes les communes du département aux frais et dépens des deux communes de St-Bonnet et Salers et que les frais d'impression ainsy que ceux des deux expéditions seront taxés et ajoutés aux dépenses [1].

### *Extrait du jugement du tribunal civil du département du Cantal du 15 Germinal an IV.*

Déclare les habitants des communes de Salers et de Saint-Bonnet solidairement responsables des frais occasionnés par le déplacement de la force armée pour maintenir le bon ordre dans ces communes, fixe le montant des dits frais, d'après les états produits et certifiés, à la somme de 292.087 livres, condamne les habitants des communes de Salers et de Saint-Bonnet solidairement à payer à la République pareille somme de 292,087 livres d'amende, ordonne que le présent jugement sera imprimé au nombre de 500 exemplaires et affiché dans toutes les communes du département aux frais et dépens des communes de Salers et de Saint-Bonnet ; ordonne que les frais d'impression et d'expédition seront ajoutés aux sommes principales.

Fait et jugé au tribunal civil du département du Cantal, séant Daude, président; Farradesche, Henry-Raynal et Lamouroux, juges ; Baldran, greffier, le 15 Germinal, an IV [2].

---

1. Arch. départ., du Cantal, Série L. Nous publions ce réquisitoire d'après le manuscrit même du substitut. Pièce offerte par l'auteur. (N. D. L. R.)
2. Cet extrait a été publié par M. J.-B. Serres. *Op. cit.*, t. X, p. 28.

# ADDENDA ET ERRATA

Page 17. Après la ligne 18, ajouter :
En exécution de la loi du 3 Brumaire, les administrateurs du département du Cantal prirent, le 10 Brumaire, un arrêté qui fut imprimé et affiché dans toutes les communes. Nous ne donnons pas ce document qui a été publié par M. J.-B. Serres dans son *Histoire de la Révolution en Auvergne* (T. X, p. 14).

Page 18, dernière ligne, lire : *le* prièrent, au lieu de *lui* prièrent.
— 23, art. 8, ligne 2, lire : *passage*, au lieu de *paysage*.
— 25, ligne 13, lire : en *les* présentant, au lieu de *se* présentant.
— 25, ligne 43, lire : qui *le* fit, au lieu de qui fit.
— 27, ligne 22, lire : vous ne les tromperez pas dans leur espoir ; et vous devez compter, je seconderai....
— 28, ligne 24, lire : *décorés*, au lieu de *délirés*.
— 30, aux signatures, lire : *Delzangles*, au lieu de *Delzongles*.
— 31, lignes 14 et 16, lire : *Peuch*, au lieu de *Despeuch*.
— 31, ligne 30, lire : *et je suis menacé*, au lieu de *où je suis...*
— 31, dernière ligne, lire : *Ally*, au lieu de *Ailles*.
— 32, ligne 3, lire : *dépt*, au lieu de *sept*.
— 32, lig. 19, lire : *conserverons*, au lieu de *conserverons*.

(Extrait de la " Revue de la Haute-Auvergne ")

AURILLAC. — IMPRIMERIE E. BANCHAREL

www.ingramcontent.com/pod-product-compliance
Lightning Source LLC
Chambersburg PA
CBHW070702050426
42451CB00008B/463